O Zé do Brasil

Eduardo Borsato

O ZÉ DO BRASIL

1ª Edição
POD

KBR
Petrópolis
2015

Coordenação editorial **Noga Sklar**
Editoração **KBR**
Capa **KBR**
Imagem da capa **"O grande Êxodo", de Euro
Brandão, 1982.**

ISBN: 978-85-8180-403-3

KBR Editora Digital Ltda.
www.kbrdigital.com.br
www.facebook.com/kbrdigital
atendimento@kbrdigital.com.br
55|21|3942.4440

PER011030 - Teatro

Eduardo Borsato é teatrólogo, contista e novelista. Foi ghost-writer, redator da Rede Globo e adaptador de novelas de televisão para bolso e livro. Por dez anos, editou *house-organs* e jornais de bairro. Autor, entre outros, dos best sellers *Agnus Dei* e *Dedalus*, *O Zé do Brasil* é seu nono livro publicado pela KBR.

Website: http://www.eduardo.borsato.nom.br/
E-mail: borsatoeduardo@gmail.com

Sumário

-1-
O Zé do Brasil

(Palco às escuras. Um tempo. Um spot se acende
sobre Anchieta. É baixinho, feio, meio corcunda.
Dirige-se à plateia, cheio de orgulho)

ANCHIETA

Irmãos, irmãs,
povos destes brasis.
Não é por orgulho
que lhes falo.
Se alguém pensar assim,
eu me calo
Mas que homem,
que cristão
não se sentirá
ufanoso de olhar
para esta nação?
Ah! Santo Loyola!
Se você conosco estivesse,
eu lhe comporia,
prazeroso,
uma litania para viola.

Nela exaltaria
de Jesus a Companhia;
da posse da terra
à posse das almas;
dos costumes a calmaria;
da catequese
ao Divino Texto
a exegese.
E que dizer do gentio?
Ah! disso
não quero falar.
Disso nem dou
um pio.

(Faz um gesto para o lado, entra o coro de índios)

CORO DE ÍNDIOS
(cantando e dançando)

Ô, ô, ê,ê
A gente não pode
fazer cocô.
A gente não pode
mais foder.
Ô, ô, ê, ê

1º ÍNDIO

Tudo pra gente
é proibido.

Até tirar cera
do ouvido.

2º ÍNDIO

Tudo pra nós
é grande pecado.
Não se pode mais
nem andar pelado.

3º ÍNDIO

Comer o inimigo
nem falar.
A gente tem
que prender ele
depois soltar.

1º ÍNDIO

Na mata não se tem
mais liberdade.
A gente vive preso
na cidade.

TODOS

Ò, ô, ê, ê.

1º ÍNDIO

Mas agora
a gente sabe

o que é pecado,
que existe um deus
do nosso lado.

2º ÍNDIO

Um deus
que não é o sol,
nem é a lua.

3º ÍNDIO

Um deus
que é puro amor.
Só de vez em quando
ele castiga o pecador.

TODOS

Ô, ô, ê, ê.

1º ÍNDIO

De uma virgem
foi nascido.
De uma virgem
foi parido.

2º ÍNDIO

Mas isso não é
esquisito não.
Pois foi assim

que nasceu o
mundo cristão.

3º ÍNDIO

E um dia
aqui desembarcaram
pra nos trazer
a salvação.

TODOS

Õ,ô, ê,ê.

1º ÍNDIO

Hoje pra eles
a gente trabalha.
Pro colono,
pro soldado,
pro padre,
pra toda a gentalha

TODOS

Ô, ô, ê, ê
Todos eles vieram
nos foder,
Mas até
que a gente gosta.
Nesse mundo
a gente tá fodido.

Mas no outro,
ao lado de deus,
temos lugar bem
garantido.
Ô, ô, ê, ê.

(Jesus entra. Os índios se persignam a um canto, respeitosos)

ANCHIETA
(espanto)

Senhor!
Mas que honra
tão subida
Quer que lhe
prepare uma bebida?

(Jesus, carrancudo, se limita a olhá-lo)

ANCHIETA

Chá não temos.
Só às cinco.
Aceita cauim?
Preparo um gole
pro senhor
e outro pra mim.

(Jesus faz o mesmo jogo anterior)

ANCHIETA

Não?
Então guaraná?
Dizem que
pra baixar tesão
melhor coisa não há.

(Mesmo jogo de Jesus)

ANCHIETA

Também não?

(Tom)

Ah, já sei.
Veio nossa obra ver.
O triunfo
da Companhia de Jesus
conhecer!

JESUS

Não seja tão
ingênuo, José.
Minha música
se toca
em outro ré.

ANCHIETA

Senhor,

o que será?
Conosco, contente,
não estará?
Mas tudo tão bem
caminha.
Não ouviu do gentio
a ladainha?
A alma deles
temos na mão.
Daqui em diante,
é só caprichar
no sermão.
Além disso,
essa terra
é um continente.
Pode abrigar
todo o mundo cristão,
toda a nossa gente.
Claro, o Senhor
deverá fazer
uma concessão:
à nossa Companhia,
sobre todas as
outras ordens,
deve ser dada
primazia.
Afinal,
é questão de justiça.
De todas,
nós é que viemos
à liça.

JESUS

Vire o disco,
José.
Assim não
dá pé.

ANCHIETA

Alguma bronca
com o Loyola?
Ora, Senhor!
Com ele tenha
paciência.
Foi soldado.
Às vezes encara
as coisas com pouca
clarividência.

JESUS

José, falo da fé.

ANCHIETA
(espanto)

Cumé que é?

JESUS

Em perigo está.

ANCHIETA

Perigo?
Essa não.
Não estará enganado
o amigão?

(Jesus faz que não com a cabeça)

ANCHIETA

Fala de quem,
então?
Do herege?
Sei, ele está
entre nós.
O rei de França
o protege.
Mas Mem de Sá
temos nós.
É homem
de muito valor.
Em breve expulsará
o herege invasor.
Estará salvo,
assim,
o seu andor.

JESUS

Não me refiro

ao francês,
a Calvino ou a Lutero.
Falar deles
nem quero.
É assunto militar.
Deles tratará
da Santa Igreja
o braço secular.

ANCHIETA
(impaciente)

Então de quem
fala o senhor?
Não aguento
tanto mistério.
Meu saco já
está cheio.
Abra o jogo,
por favor.

JESUS

Seu nome é
Monsieur De Bolés.

ANCHIETA
(pensativo)

Já ouvi falar.
Mas ele fez

o quê?

JESUS

Minha missão
é advertir.
Você é quem deve
descobrir.

ANCHIETA

E depois?

JESUS

Agir.

ANCHIETA

Como?

(Entra o Diabo)

DIABO

O tal De Bolés
matando e
assando.

ANCHIETA
(enfrentando-o)

Seu corno

vagabundo.
Volte para o seu
mundo.

*(O coro de índios, maravilhado, cerca o Diabo.
Cantam e dançam)*

CORO DE ÍNDIOS

Ai,
como ele é
bonitinho.
É vermelho,
tem chifrinho
e atrás da bunda
um rabinho.

1º e 2º ÍNDIOS

Ai,
como ele é
bonitinho!

1º ÍNDIO

E a nossa
língua
ele fala.

1º e 2º ÍNDIOS

Quem o inimigo

pegar
deve matar
e assar.

3º ÍNDIO

Comer a cara,
comer a bunda,
comer as costas
e a carcunda.

1º e 2º ÍNDIOS

Ai,
como ele é
bonitinho.

*(O Diabo canta e dança com eles, cercando Jesus
e Anchieta)*

DIABO

Sou o Diabo,
sou Lúcifer.
Índio deve
foder
toda mulher.

CORO DE ÍNDIOS

E também

beber e roubar.
Nunca mais
trabalhar.

DIABO

Ai,
e como sou
muito bonzinho,
pro índio trago
um presentinho.

*(De uma sacola tira máscaras de Diabo, que dá
aos índios)*

DIABO/ ÍNDIOS

Ai,
que diabo
bonzinho
eu sou,
nós somos.
Vamos mudar
o mundo,
agora, vamos.
Não quero padre,
não quero missa,
não quero reza.
Quero a liberdade,
coisa que se preza.
Ai,

que diabo
bonzinho
eu sou.
Mudar o mundo
agora vou.
Pagão ou cristão,
que diferença
isso faz?
Será que existe
mesmo um deus
pra gente
correr atrás?
Ai,
que diabo
bonzinho
eu sou.
Mudar o
mundo
agora vou.

(Anchieta segura Jesus pelos braços, sacode-o, em desespero)

ANCHIETA

Senhor,
o que é
que eu faço?
Que passo eu dou?
Que passo?

(O canto e a dança cessam, de súbito. Jesus e o coro de índios saem de cena. O Diabo e Anchieta se encaram. Um tempo. De repente, o Diabo se transforma em Bolés, que faz uma reverência alegre, graciosa a Anchieta)

BOLÉS

Seu criado,
Monsieur De Bolés.

ANCHIETA

O filho de Satanás!
Seu ABC
acabo
de conhecer.

BOLÉS

Zé,
não pega assim
no meu pé.

(Ouve-se um minueto. A atitude de ambos muda. São agora respeitosos, quase amigáveis. Dançam e cantam)

BOLÉS

Vim logo

que recebi
o seu recado.

ANCHIETA

Obrigado,
obrigado.

BOLÉS

Por aqui
faz um calor
desgraçado.

ANCHIETA

Por baixo,
minha batininha
até que é
fresquinha.

BOLÉS

Foi o que
imaginei.

ANCHIETA

Mas três
banhos
eu já tomei.

BOLÉS

Com água
de cheiro?

ANCHIETA

E perfume.
Presente do
moleiro.

BOLÉS

Sinto o cheiro
e o aroma.
Mas de coisa santa,
de Roma.

ANCHIETA

Ah!
É um bálsamo.
Trigueiro.

BOLÉS

Presente?

ANCHIETA

Do açougueiro.

BOLÉS

E de relíquia

como vai a
paróquia?

ANCHIETA

De Santo Antão
receberemos a
cornucópia.

BOLÉS

Original
ou fotocópia?

ANCHIETA

Original.
Vinda direto
de Portugal.
Já estou escrevendo
um auto de louvação.

BOLÉS

Como vai
se chamar?

ANCHIETA

O chifre Bento de
Santo Antão.

BOLÉS

Primoroso.
Primoroso.

ANCHIETA

É prova
de nosso ardor
religioso.

(O minueto cessa, os dois param de dançar e de cantar. Anchieta vai para os fundos do palco. Entram dois jesuítas, encapuzados. Os três se sentam, Anchieta no meio. O tom é solenemente farsesco, um jogral farsesco. Bolés sai de cena)

ANCHIETA

Neste ano
da graça
de 1560,
fazemos saber
o que aqui se assenta:

1º JESUÍTA

esta é a instalação
de mais um
processo

TODOS

da Santa
Inquisição.

2º JESUÍTA

Que por ser
santa e benta

1º JESUÍTA

a todos nós
tão bem também
se assenta.

ANCHIETA

Constam dos
assentamentos
os seguintes
apontamentos:

1º JESUÍTA

o presente processo

2º JESUÍTA

não é um retrocesso.

ANCHIETA

Muito ao contrário.

1º JESUÍTA

Significa
o estabelecimento

2º JESUÍTA

do Divino
Erário

ANCHIETA

nestas terras
onde

1º JESUÍTA

Deus assentou
seu ideário.

2º JESUÍTA

E divergir dele
é assaz temerário.

ANCHIETA

Pois foi
com grande
impudor

1º JESUÍTA

que o

ora réu,

2º JESUÍTA

para geral
estupor,

ANCHIETA

assim resolveu
obrar.

1º JESUÍTA

Por isso,
em nome de
Jesus,

TODOS

Nós lhe viemos
cobrar.

ANCHIETA

Nascido
João Cointá,
em Bolés,

1º JESUÍTA

de Troye jurisdição,

2º JESUÍTA

em Champagne,
diocese de Saintez,

ANCHIETA

pecou contra
o Senhor e sua
ordenação.

1º JESUÍTA

Na Sorbonne
se doutorou

2º JESUÍTA

por várias
terras viajou,

3º JESUÍTA

França, Espanha,
Itália.

ANCHIETA

Lá amadureceu
a ciência

1º JESUÍTA

e as armas,

com grande
proficiência.

2º JESUÍTA

Em França
estando,

ANCHIETA

a rainha velha
de Escócia

1º JESUÍTA

o chamou
para seu
serviço.

2º JESUÍTA

Ele aceitou,
as malas fez,

ANCHIETA

para a viagem
se aprontou.

2º JESUÍTA

Na Corte
passou

para do Condestável,
Monsieur de França,

ANCHIETA

se despedir.

1º JESUÍTA

Ficou então
Coligny,
o herege

ANCHIETA

almirante,

2º JESUÍTA

sabendo para
onde ele

1º JESUÍTA

pretendia ir.

ANCHIETA

E tratou de
fazê-lo

2º JESUÍTA

desistir.

1º JESUÍTA

Mandou que
um primo seu
com ele conversasse,

2º JESUÍTA

fazendo-o trocar
a fria Escócia

ANCHIETA

pelo trópico
pulsar.

1º JESUÍTA

Ele aceitou
e sórdida missão

2º JESUÍTA

lhe foi
confiada:

ANCHIETA

a de colocar
o seu saber

1º JESUÍTA

a favor de

Villegaignon
e sua cambada.

2º JESUÍTA

A 7 de março
de 1557,
ele aqui
arribou,

ANCHIETA

e logo sua
nefanda tarefa
iniciou.

1º JESUÍTA

E tão bem
obrou

ANCHIETA

que da heresia
se tornou
o paladino,

2º JESUÍTA

contrariando
o que pregou

TODOS
Deus menino.

1º JESUÍTA
E não satisfeito
dos seus

2º JESUÍTA
pela imunda estrada
orientar,

ANCHIETA
resolveu o gentio
para Satanás
também desviar

2º JESUÍTA
Com sórdido
empenho,

1º JESUÍTA
e diabólico
engenho,

ANCHIETA
aos índios
ele passou

a pregar
a mais
ampla liberdade
de sua vida
levar.

1º e 2º JESUÍTAS

Oh, horror!
Oh, horror!

ANCHIETA

Para fragor
dos costumes,

1º JESUÍTA

de todo artifício
lançou mão,

2º JESUÍTA

para mais rápido
atingir
do gentio

ANCHIETA

o ingênuo
coração.

1º JESUÍTA

Notável pela
colônia
ficou o seu
disfarce
de Tinhoso.

2º JESUÍTA

Insinuante,
simpático,
amoroso,

1º JESUÍTA

De Bolés,
o flagelo,

2º JESUÍTA

aos índios presentes
distribuía.

ANCHIETA

enquanto a alma
lhes corrompia.

1º JESUÍTA

Por atos,
palavras e
torpes insinuações,

2º JESUÍTA

pregava o abandono
da fé e das
orações.

ANCHIETA

Mas a Igreja
atenta está.

1º JESUÍTA

E muito mais
nossa Companhia

2º JESUÍTA

que,
por divina
inspiração,

ANCHIETA

jamais permitirá
qualquer desvio
no ideário
cristão.

2º JESUÍTA

Por esse motivo
seja o réu
citado,

1º JESUÍTA

e incluso
nos presentes
autos,

ANCHIETA

que seguirão,
conclusos,
para de Portugal
a Santa Inquisição,

2º JESUÍTA

que ao réu fará
justiça,

ANCHIETA

para gáudio
do mundo
cristão.

*(Os dois jesuítas saem de cena. Bolés entra,
volta para junto de Anchieta. Ouve-se de novo o
minueto, os dois retomam o canto e a dança)*

ANCHIETA

Tenho um
projeto.

BOLÉS

Agrário ou
fiduciário?

ANCHIETA

Literário.

BOLÉS

E qual é?
Qual é?

ANCHIETA

Unir dos índios
a língua e a fala.

BOLÉS

Numa gramática?

ANCHIETA

Bem prática,
eficiente.

BOLÉS

E producente.
É pela fala
que se pega
toda gente.

ANCHIETA

É essa a ideia.
Cuspida
e escarrada.

(Param o canto e a música)

BOLÉS

Genial, genial.
Unir para dividir
é coisa essencial.

ANCHIETA

É isso aí.

BOLÉS

E o Nóbrega
como vai?
Nunca mais
apareceu
por aqui.

ANCHIETA

Está atacado
das hemorróidas.
Comeu muito
caqui.

BOLÉS

Conheço um
remédio
batatal.

ANCHIETA

Qual?
Qual?

BOLÉS

Numa noite de lua,
de lua cheia,
ele sai aqui da aldeia,
e vai ali à beira do
igarapé.

ANCHIETA

Molhar o
dedinho do pé?

BOLÉS

Não.
Pescar.

ANCHIETA

O quê?
O quê?

BOLÉS

O maior pirarucu
que encontrar.

ANCHIETA

E depois?
E depois?

BOLÉS

O bicho
matar.

ANCHIETA

E aí?
E aí?

BOLÉS

Botar a carne
pra secar.

ANCHIETA

Aqui ou
em Parati?

BOLÉS

Ali na igreja,
ao pé do
confessionário.

ANCHIETA

Não vai passar
mau cheiro pro santo
sacrário?

BOLÉS

Basta ter
muito asseio.
Diário.

ANCHIETA

E aí?
E aí?

BOLÉS

Seca a carne,
é tudo fora
jogar.

ANCHIETA

Tudo?

BOLÉS

Basta uma parte
guardar.

ANCHIETA

Qual?

BOLÉS

A linguinha.
Bem sequinha.

ANCHIETA

Pra quê?

BOLÉS

Pra entregar
pro cacique
Aimberê.

ANCHIETA

Não entendi nada,
nadinha.

BOLÉS

Calminha.
Aimberê vai
Nóbrega buscar
e em posição
ginecológica
vai ele colocar.

ANCHIETA

Pro céu melhor
Nóbrega olhar?

BOLÉS

Pra Aimberê
melhor
as preguinhas íntimas
dele abrir.

ANCHIETA

E se Nóbrega
não consentir?

BOLÉS

Aimberê
é muito forte.
Não há como
resistir.

ANCHIETA

E depois?
E depois?

BOLÉS

Aimberê a língua do
pirarucu vai pegar
c bcm lá no fundo
do cuzinho
do Nóbrega
enfiar.

ANCHIETA

Ah...

BOLÉS

Em três tempos,
curado das
hemorróidas
ele vai ficar.

ANCHIETA

Brigado pela receita
brigadinho.
(T) — Agora vou andando.
Tenho que batizar
um indiozinho.

BOLÉS

Eu posso ficar aqui
um instantinho?
Tou morrendo de sono.
Posso tirar uma pestana
ali, naquele cantinho?

ANCHIETA

À vontade.
Só não faça
xixi no chão.

É falta de caridade.

(Anchieta sai. Bolés boceja, ajeita-se no chão, deita-se, adormece. Um tempo. De súbito, os dois jesuítas encapuzados da cena anterior entram. Na ponta dos pés aproximam-se de Bolés e o examinam)

1º JESUÍTA

Parece que
está dormindo.

2º JESUÍTA

Não estará
fingindo?

1º JESUÍTA

Pra quê?

2º JESUÍTA
(tenta acordar Bolés)

Bolés!
Bolés!

BOLÉS

Hun...

1º JESUÍTA
(amedrontado)

Irmão,
não era
melhor embora
a gente ir?

2º JESUÍTA

Você está falando
em desistir?

1º JESUÍTA

Me sinto pouco
à vontade.

2º JESUÍTA

Você está é
com cagaço.
Diga a verdade.

1º JESUÍTA

E se for
mesmo isso?

2º JESUÍTA

Mostra que você
não passa

de um merda
de um noviço.

(O segundo Jesuíta volta a sacudir Bolés)

2º JESUÍTA

Acorda, desgraçado.
Não atrasa assim
o nosso lado.

(Bolés acorda, ergue-se)

BOLÉS

Que diabo
vocês são?
Alguma assombração?

2º JESUÍTA

Estamos aqui
pra te ajudar,
irmão.

1º JESUÍTA
(ao 2º)

Vai com calma.
Não quero perder,

de todo,
a minha alma.

BOLÉS

Alguém em alma
falou?
Não quero nem saber.
O papo já
mixou.

2º JESUÍTA

Não falamos da
nossa.
Falamos da
sua.
Ela é que está
a ponto de ficar
toda nua.

1º JESUÍTA

Do corpo descarnada,
como se uma piranha
tivesse levado
sua carne,
numa dentada.

BOLÉS

Porra!

1º JESUÍTA

E isso
é pouco,
quase nada.

BOLÉS

Porra!
Ainda tem mais?

2º JESUÍTA

Que a gente não fala,
porque não somos
leva e traz.

1º JESUÍTA

Bom, de qualquer jeito,
a gente vai se abrir.

2º JESUÍTA

Mas é bom logo
as nossas condições
parir.

1º JESUÍTA

Seguinte:
quero que você
me apresente

àquelas putas,
lá pros lados
de Bertioga.

BOLÉS

Num repente.
Mas pra quê?

1º JESUÍTA

Ora,
pra eu meter.
De anos já tenho vinte
E continuar
virgem me parece
cruel acinte.

BOLÉS

Conheço lá
uma índia velha
e desdentada,
que vai libertar
sua alma penada.

1º JESUÍTA

Legal.
Eu aceito.
Não tenho
contra a velhice

qualquer preconceito.

BOLÉS
(ao 2º Jesuíta)

E você?
Também tem
alguma coisa
a me pedir?

1º JESUÍTA

Espera.
Deixa eu
concluir.

BOLÉS

Ainda
tem mais?

1º JESUÍTA

Coisa modesta,
mas pra mim
importante.

BOLÉS

Se é alguma receita,
eu conheço um monte
de purgante.

1º JESUÍTA

Não, não.
É o seguinte:
quero um rendevu
montar, aqui,
à beira- mar.

BOLÉS

E eu com isso?

1º JESUÍTA

Você vai
me ajudar
no serviço.

BOLÉS

Eu não. Isso já
é exploração.

1º JESUÍTA

Pelo contrário.
É negócio de irmão.
Eu lhe dou trinta por cento
do que faturar.
É até muito pra quem só
com a bolação vai entrar

BOLÉS

Tá legal.
Conheço por aí
uma e outra polaca.
Acho que dá
pra se ganhar
um monte de pataca.

1º JESUÍTA
(bate palminha)

Genial.
Depois de enricar,
à merda esse novo mundo
vou mandar.
Compro um chapéu
de cardeal,
vou viver como um
lorde,
lá em Portugal.

(Bolés se volta para o outro Jesuíta)

BOLÉS

Vamos lá.
Desembucha.
Mas vê se não
me pede o céu,
que eu faço aqui

o maior escarcéu.
Deduro vocês
pra todo o povaréu

2º JESUÍTA

A virgindade
não quero perder.
E um rendevu montar,
nem pensar.
Também não pretendo
para Portugal voltar.

BOLÉS

Bom, já que você
não quer nada,
me deixa voltar
à soneca,
que já está
ficando estragada.

2º JESUÍTA

Só uma coisa
me interessa.

BOLÉS

Ai,
meu cacete!
Será que vou

ter que correr
vocês dois daqui
a porrete?

2º JESUÍTA

Sei que você
com uma sobrinha
de La Roquete
se casou.
E enviuvou.

BOLÉS

E daí?

2º JESUÍTA

Dela, um belo dote,
três mil ducados,
você herdou.

BOLÉS

E daí?
E daí?

2º JESUÍTA

Tenho gana
de botar a mão
nessa grana.

BOLÉS

Essa não!
Então foi pra isso
que vieram
perturbar o sono
de um cristão?

(Bolés saca a espada e avança contra os dois)

BOLÉS

Seus cagões!
Vocês vão ficar
sem os colhões!

1º JESUÍTA
(ao 2º, apavorado)

Sem colhão
eu não fico.
Me socorre!
Me socorre, irmão!

2º JESUÍTA

Se alguma coisa
nossa você cortar,
a Inquisição,
vivo,
vai te assar.

BOLÉS

Epa!

2º JESUÍTA

O Anchieta te meteu
nessa mutreta.

BOLÉS

Ora, mas que
filho da puta!

1º JESUÍTA (cantando)

Quero meu
rendevu,
com polaca
e indiazinha.
Quero meu
rendevu,
com bucetão
e bucetinha.

*(Entra Mem de Sá. Os dois Jesuítas passam a
fazer as vezes de seus acólitos)*

MEM DE SÁ

Me coça as costas.

(O 1º Jesuíta obedece)

MEM DE SÁ

Mais embaixo,
porra!
Estou em carne viva.
Pareço do café
a borra.

MEM DE SÁ
(ao 2º Jesuíta)

E você me traga água.
Filtrada.

BOLÉS

Não prefere
uma caninha?
Importada!

MEM DE SÁ

Não. Tomei um
baita porre ontem.
Tenho a boca ressecada.

*(O 2º JESUÍTA faz a mímica. Mem de Sá toma
um largo gole)*

MEM DE SÁ

Ai que saudade
que eu tenho
da santa terrinha.
Desta merda desta colônia
não aguento mais
nem o pão nem a farinha.

MEM DE SÁ
(ao 1º Jesuíta)

Agora me faz cafuné.

MEM DE SÁ
(ao 2º Jesuíta)

E você me coce
o dedão do pé.

BOLÉS

Por que não
deixa o cargo
de governador
e não volta
para a Corte
no primeiro vapor?

MEM DE SÁ

Ai, que seria uma

felicidade estuporada!
Mas não posso.
Vai parecer mancada.

BOLÉS

Mas não pode
por quê?

MEM DE SÁ

Ora, Bolés!
Negócios de Estado.
Sou um homem público.
Esse foi o meu pecado.

*(Os dois Jesuítas recuam para o fundo do palco.
Cantam, em surdina)*

JESUÍTAS

Quero meu
rendevu,
com polaca
e indiazinha.
Quero meu
rendevu,
com bucetão
e bucetinha.

BOLÉS

Acho,

Mem de Sá,
sinceramente,
que existe nisso tudo
um bocado de
vaidade.

MEM DE SÁ

É olhar as coisas
com muita impiedade.
De qualquer maneira,
se pudesse adivinhar,
não tinha me metido
nessa frioleira.
Vir pra colônia
foi o mesmo que levar
uma paulada na moleira
Imagine que há seis meses
me derreto numa brutal
caganeira.

BOLÉS

Se quiser, conheço
uma poção...

MEM DE SÁ

Não, obrigado.
Acho que é
caganeira psicológica.
Preocupação.

BOLÉS

Com o quê?

MEM DE SÁ

Com desses franceses
a expulsão.

BOLÉS

Ah...

MEM DE SÁ

Já pensou o meu azar?
Esses merdas
quererem aqui
a tal França Antártica
fundar!
Logo no Brasil?!
Por que não foram
fundar essa França
na puta que os pariu?
E não lhes faltam aliados.
Têm mil índios tupinambás
do seu lado.
Como vê, o meu destino
é um destino bem cagado.

BOLÉS

Será que o medo

não o domina?

MEM DE SÁ (em brios)

Um lusitano se livra
desses gajos pela urina

BOLÉS

Então o que é?
Por que esse semblante
tão iracundo?

MEM DE SÁ

Furibundo, amigo meu.
Furibundo.
As tropas que comando
têm da merda a consistência.
Falta-lhes a bélica ciência
para expulsar o invasor.
Trocando em miúdos:
são uns incompetentes,
um estupor.
Como vê, estou fodido.
Daí a caganeira me tomar,
meu cu ardido ficar.

BOLÉS

Pois um remédio
para o seu caso

eu posso dar.

MEM DE SÁ

Ai, porra!
Lá vem você
com essa mania
de receita!
Será que minha aflição
tu não respeitas?

BOLÉS

Espera.
Também estou
numa entalada.
O remédio certo
pra nós dois
tem que dar.
Senão, meu cu ardido
também vai ficar.

MEM DE SÁ

Ai,
não fala mais
nessa ferida.
Desembucha logo
que para as tropas
tenho que dar
ordem unida.

BOLÉS

Já soube que
o Anchieta,
aquele veadão,
me entregou
pra inquisição?

MEM DE SÁ

Ouvi falar.
Mas o que isso
tem a ver com
os franceses
do Brasil
expulsar?

BOLÉS

Tem que na arte
da guerra
sou destro
e maneiro.
Posso expulsar
qualquer um
do solo
brasileiro.

MEM DE SÁ

Hun...
isso não será

conversa fiada?
Coisa de quem está
perdido no
meio da estrada?

BOLÉS

Vamos fazer
o seguinte:
você me dá o
comando da expulsão.
Mas me protege da
inquisição.

MEM DE SÁ

Mas e se tu
com os burros
n'água der?

BOLÉS

Você aí me entrega
pro Anchieta
e ele vai me
comer com sua colher.
Então?
O que diz?

*(Nos fundos do palco, no lado oposto ao dos dois
Jesuítas, entra o coro de índios, cantando, em
surdina, em contraponto com a canção dos 2
Jesuítas)*

CORO DE ÍNDIOS

Allons enfants de la Patrie,
Le jour de gloire est arrivé !
Contre nous de la tyrannie
L'étendard sanglant est levé
L'étendard sanglant est levé
Entendez-vous dans les campagnes.

MEM DE SÁ
(em dúvida)

Não posso
resolver assim.
Precisava
um pouco ainda
pensar.

BOLÉS
(apontando para os fundos do palco)

Acho que não
vai dar.
A guerra
já vai começar.

MEM DE SÁ

Então,
que se foda!
Vá em frente,
companheiro!

(Bolés desembainha a espada e corre para junto dos dois Jesuítas, que se transformam em soldados)

BOLÉS
(grita, entusiasmado)

Agora
vou salvar
essa merda desse
povo brasileiro!

(Os dois grupos se enfrentam, agora cantando a plenos pulmões. Os brasileiros cantam a canção da buceta bucetinha, o coro de índios a Marselhesa. Saem de cena. A noção das alternâncias da batalha deve se dada pela predominância das canções, ora a buceta bucetinha prevalecendo, ora a Marselhesa. Mem de Sá acompanha o desenrolar da batalha, que se dá nos bastidores, através da alternância das duas canções. Anchieta entra, coloca-se ao lado dele, também ouvindo)

MEM DE SÁ

Ai,
Zezinho,
como estou
ansioso.

O resultado
desta guerra
é penumbroso.
Me mexe com o cu
e com o
sistema nervoso.

ANCHIETA

O senhor,
governador,
me permite
respeitosa
ponderação?

MEM DE SÁ

Ora, porra,
meu irmão!
Isso lá
é hora
pra fazer
ponderação?

ANCHIETA

O momento
é indevido,
reconheço.
Mas acho
que atenção
eu mereço.

MEM DE SÁ

Tá pensando
que o meu
saco é de filó?
Desembucha logo.
Qual é o pó?

ANCHIETA

Conceder a Bolés
o comando
da batalha
foi o mesmo
que cobrir
seu corpo,
governador,
com a mais negra
mortalha.

MEM DE SÁ

Ó gajo!
Tu és filho de quem?
Dum jumento?
Por que ser assim,
tão agourento?

ANCHIETA

Eu explico
num momento.

Se a batalha
Bolés ganhar,
será dele
todo o mérito
militar.
O senhor chupando
o dedo
vai ficar.

MEM DE SÁ

Ai, que isto me escapuliu.
Puta que me pariu.
Mas e se ele
perder?

ANCHIETA

Péssimo
também será,
pois novo exército
tão cedo
o senhor não
terá.

MEM DE SÁ

Puta que me pariu!
Ai,
que isto também
me escapuliu.

ANCHIETA

Sem falar
na péssima repercussão
que terá
na Corte
o malogro de sua
missão.

MEM DE SÁ

Ai,
que estou um bagaço!
E agora,
Zezinho,
o que é que eu faço?

(Os ruídos da batalha cessam. Silêncio total.
Mem de Sá, apavorado, volta-se para Anchieta)

MEM DE SÁ

O que
é isso?
Por que
o barulho
cessou?

ANCHIETA

Acho que
a batalha
se findou.

MEM DE SÁ

Mas quem
ganhou?
Quem
ganhou?

*(Um tempo assim. De repente, surge imenso
carro alegórico, como o das escolas de samba.
Vem puxado pelos dois Jesuítas e pelos índios
vencedores. No alto do carro, Bolés, na mesma
pose de São Sebastião do Rio de Janeiro, sorri e
acena, como um destaque de escola de samba.
Cantam a canção da buceta bucetinha em ritmo
de samba)*

CORTEJO

Quero meu
rendevu
com polaca
e indiazinha.
Quero meu
rendevu
com bucetão
e bucetinha.

MEM DE SÁ
(grita, exultante)

Ele ganhou!

Os franceses
expulsou!

*(O cortejo se aproxima, para ao lado deles. Mem
de Sá hesita, mas, de repente, dá um pulo, tira
Bolés do carro alegórico, toma seu lugar)*

MEM DE SÁ

Sai daí, seu puto!
A glória
de para a história passar
ninguém vai
me tirar.

*(O cortejo se retira, sempre cantando, Mem de Sá
acenando, alegre, enquanto Bolés olha para tudo,
com cara de tacho. Um tempo)*

ANCHIETA

Seu processo
pela Inquisição foi julgado.
E você condenado.
Deve morrer enforcado.

*(O carrasco entra, trazendo a forca. Coloca-se
atrás dos dois)*

ANCHIETA

Fui nomeado seu confessor.
Você não deve morrer
como pecador.
A fé protestante
deve deixar
e o catolicismo
abraçar.
É o único meio
de seu espírito salvar.
Deus só vai
te receber
se ao catolicismo
você se converter.

BOLÉS

Escuta aqui...

*(Anchieta o impede de falar, com gesto olímpico.
Ajoelha-se)*

ANCHIETA

Vamos rezar,
irmão.
Vamos nos entregar
à contrição.

(Em tom de ladainha)

Senhor,
dê-me forças para bem
essa tarefa obrar.
Santa Virgem,
dê-me alento
para o pecado enfrentar.
Santíssima Trindade,
ilumina minha senda,
para que eu pratique o bem,
sem retoque nem emenda.
Cruz de Cristo,
santo madeiro,
seja para mim da verdade
o reposteiro.
Hóstia bendita,
sagrado sendeiro,
traga para mim a justiça,
como amado companheiro.
Mortalha sangrenta de Jesus,
mostrai-me com seu sangue
o rumo da eterna luz.
Cristãos condenados,
mártires afogados
queimados e estripados,
recebei-me a seu lado,
o espírito purificado.
Santa Inquisição,
para mim abra os braços,
aceite-me em seu
venerando seio,
em seu puro coração.

BOLÉS

Zé, isso
é uma puta
sacanagem.

ANCHIETA

Coragem.
Abjure, irmão, o pecado
que sangrou seu coração.

BOLÉS

Zé,
eu não quero
morrer.

ANCHIETA

Sua alma,
no cristianismo,
eterna será.
Sua alma
jamais
perecerá.

BOLÉS

Da alma
não quero
saber.
Tou falando

do meu corpo,
não dá pra
entender?

ANCHIETA

O paraíso recusar,
ao lado de Deus,
é fundo blasfemar.

BOLÉS

Meu paraíso
está aqui,
ao alcance
da minha mão.
Não preciso
de Deus,
nem de qualquer
empurrão.

ANCHIETA

Ó triste pensar.
Só o sofrimento
poderá te purificar
Só as dores do mundo
conseguirão aproximar
de Deus o seu negro
coração.

(Anchieta se ergue, faz sinal para o Carrasco, que

*se aproxima de Bolés. Ele tenta se defender, mas
o Carrasco o domina e começa a bater. Anchieta
dá as costas para os dois, enquanto Bolés geme
sob as pancadas. As mãos postas, contrito,
Anchieta canta, enquanto Bolés apanha)*

ANCHIETA
(cantando)

Alto do céu,
alto da lua,
receba, Senhor,
esta alma
que é sua.
A dor, a dor
é de sua obra o primor.
A dor, a dor,
mostra o caminho
ao pecador
Caminho da luz,
caminho da fé.
Caminho da paz
e da candura.
Caminho de Deus
para a humana criatura.

*(O Carrasco termina a surra. Bolés fica no chão,
derreado, gemendo. Anchieta se aproxima dele)*

ANCHIETA

Seu corpo
sangrou?

BOLÉS

Claro, porra!
Não tá vendo?

ANCHIETA

E o espírito?
Clareou?

*(Ajoelhado ao lado de Bolés, Anchieta pensa-lhe
as feridas com a manga da batina)*

BOLÉS
(indicando o Carrasco)

Esse merda
quase me matou

ANCHIETA

É para o demônio expulsar.
É para em outro corpo
ele ir se abrigar.

(Bolés, amparado por Anchieta, se ergue)

BOLÉS

Será que a gente
não podia negociar?

ANCHIETA

Se o negócio
for com sua alma
 posso pensar.

BOLÉS

Enviuvei
e três mil ducados
herdei.

ANCHIETA

Não foi disso
que eu falei.

BOLÉS

Nessa grana
você bota a mão
e esquece essa merda
de Inquisição

(Anchieta dá-lhe as costas, horrorizado)

ANCHIETA

Cale-se, Tinhoso!
Não vê o quanto
seu gesto é vergonhoso?

BOLÉS

Já pensou o que
podia fazer?

ANCHIETA

Ave, Maria,
cheia de graça.

BOLÉS

Uma outra igreja,
maior que essa,
erguer.

ANCHIETA

O Senhor é convosco.

BOLÉS

Ou o gentio
ajudar.

ANCHIETA

Bendita sois vós

entre as mulheres.

BOLÉS

Um monte
de doenças
curar.

ANCHIETA

Bendito é o fruto
do vosso ventre,
Jesus.

BOLÉS

Um novo ostensório
comprar.

ANCHIETA

Santa Maria,
mãe de Deus.

BOLÉS

Um barco mandar construir
e com ele a todo lugar ir.

ANCHIETA

Rogai por nós,
pecadores.

BOLÉS

Com ele a fé espalhar,
como a lua espalha
o luar.

ANCHIETA

Agora, e na hora
de nossa morte,
amém.

BOLÉS

Sua obra seria
muito mais
duradoura.

ANCHIETA
(grita, angustiado)

Satanás! Rei das trevas,
Rei da escuridão.
Deixa em paz
meu coração!

BOLÉS

Melhor você espalharia
a imagem de Jesus,
na manjedoura.

ANCHIETA

Flagelo! Flagelo!
Para o Senhor
eu apelo!

BOLÉS

Ou, pela costa,
de norte a sul,
dezenas de igrejas
fundar.

(Anchieta, no auge da agonia, vai até o Carrasco.
Ajoelha-se de costas para ele)

ANCHIETA

Flagelo! Flagelo!
Minh'alma
preciso limpar
para com o diabo lutar

(O Carrasco põe-se a chicotear-lhe violentamente
as costas)

BOLÉS

Todo o gentio
a palavra de Deus
ouviria.

E pela santa
via seguiria.

ANCHIETA
(sob as chibatas, cantando)

Ah, divina dor,
divino tormento.
Divino sangue do Senhor,
divino sofrimento.

BOLÉS

Da Virgem a auréola
pela mata se espalharia.
E toda índia,
com veneração,
sua virtude imitaria

ANCHIETA

Ah, divina chaga,
divina angústia,
que tudo apaga.

BOLÉS

E toda a nação.
você teria
aos pés de Cristo,
do mundo cristão

ANCHIETA

Ah, divino fel,
toma todo meu corpo,
por ele se esparrame,
divino mel.

*(O Carrasco para de bater. Anchieta permanece
ajoelhado)*

BOLÉS

Então?
O que me diz?
A sorte grande
está diante
do seu nariz.

*(Anchieta permanece como está por um
momento. Então, em fúria, ergue-se, tira o
chicote das mãos do Carrasco e passa a chicotear
Bolés)*

ANCHIETA

Demônio!
Eu te esconjuro.
Abandona este corpo.
Volta para o escuro.

(Enquanto bate, canta, em cantochão)

ANCHIETA

Pelas almas,
pela fé.
Pela bondade
do homem,
que a imagem
de Deus é.
Pela sagrada escritura,
pelo amor da Virgem Santa
à humana criatura.
Pela virtude e sagração.
Pela glória de Deus,
por seu sagrado coração.

*(Anchieta para de bater. Bolés está derreado no
chão. Anchieta se ajoelha a seu lado)*

ANCHIETA

Irmão,
irmão,
o demônio
deixou
em paz
seu coração?

BOLÉS

Ai,

estou
todo quebrado.
O demônio
é você,
seu veado.

ANCHIETA

Então vamos ter
que continuar,
até esse demônio
expulsar.

(Faz menção de pegar o chicote. Bolés o impede)

BOLÉS

Não,
por Deus.
Faço tudo
o que você quiser,
mas não me
bate mais.
Tem muito fel
sua colher.

ANCHIETA
(ansioso)

Quer repetir?
Preciso de novo

ouvir.

BOLÉS

Não me
bate mais.

ANCHIETA

Não, não é isso.
Ouvi você
prometer...

BOLÉS

Se você
não mais
me bater...

ANCHIETA

...qualquer
coisa você fará...

BOLÉS

É...

ANCHIETA

Sua fé
abominará?

(Bolés, arrasado, faz que sim com a cabeça)

ANCHIETA

O cristianismo
abraçará?

(Bolés de novo faz que sim)

ANCHIETA

Aleluia!
Aleluia!
Deus meu!
O milagre aconteceu!
Esta alma se salvou,
o caminho certo
encontrou.

*(Faz gestos para o Carrasco, que carrega Bolés
para a forca. Anchieta se ajoelha de frente para
eles. Reza)*

ANCHIETA

Pai nosso
que estais
no céu,
santificado
seja o vosso nome.

Venha a nós o vosso
reino.

*(O Carrasco pendura Bolés na forca. Anchieta
ergue os olhos para testemunhar o estertorar de
Bolés)*

ANCHIETA

Seja feita a vossa
vontade,
assim na terra
como no céu.
O pão nosso
de cada dia
nos dai hoje.

*(Bolés se debate mas não morre. Anchieta se
preocupa. Ergue-se, aproxima-se da forca,
sempre rezando)*

ANCHIETA

Perdoai-nos
as nossas ofensas,
assim como nós
perdoamos aos
que nos...

(Anchieta faz gestos desesperados para o

Carrasco, que, inutilmente, tenta apressar o fim de Bolés)

ANCHIETA
(de súbito, parando de rezar)

O que está
havendo?
A alma
desse corpo
não está
se desprendendo.

(Entra Jesus)

JESUS

E quanto
mais demorar,
pior vai
ficar.

ANCHIETA

Senhor,
quer se
explicar?

JESUS

Em meio à agonia,

Satanás
pode de novo
atacar
e ele outra vez
à heresia voltar.

ANCHIETA

Senhor,
não posso crer!
Então
todo o meu trabalho
vai se perder?

JESUS

É um risco
que em mente
você deve ter.

ANCHIETA

Não!
Não quero ouvir!
Eu me recuso
em admitir!

*(Jesus faz um gesto vago. Anchieta, em desespero,
segura-o pelos braços, sacode-o)*

ANCHIETA

O que é que eu faço?
Que passo eu dou?
Que passo?

(Jesus se livra dele, dá-lhe as costas, sem
responder. Anchieta olha para Bolés, que
continua estertorando. Um tempo assim, ele se
debatendo em imensa dúvida. Por fim, decide-
se: salta sobre as costas de Bolés, pendura-se
nele, apressando-lhe a morte. Os dois ficam por
um tempo a balançar lugubremente na corda.
Quando tem de fato a certeza de que Bolés
finalmente morreu, Anchieta se solta. Mem de Sá
entra)

MEM DE SÁ

Então?
Acabou?
O gajo
desta para outra
já passou?

ANCHIETA

Entre os justos
ele agora está.
E entre os justos
para sempre ficará.

MEM DE SÁ

Bom, temos cá
um probleminha.
A tropa não
quer aceitar
que a vitória
foi minha.

ANCHIETA

Ora essa,
por que não?

MEM DE SÁ

E eu lá sei?
Porque são
umas bestas,
como sempre falei.
Bom, o fato
é que estamos
numa bela
duma enrascada.
Este gajo,
mesmo morto,
nos deu uma enrabada.
Como vamos
explicar que ele,
um protestante,
comandou as tropas
católicas que

do Brasil
os franceses
expulsou?
É dose cavalar.
Até a Companhia de Jesus
muito mal
nessa história
vai ficar.

JESUS

Espera... espera...
Deixem-me pensar.

*(Um tempo, Jesus pensando. Mem de Sá se
impacienta)*

MEM DE SÁ

Não quero
ser chato,
mas as tropas
para cá logo virão.
E quando derem com
o gajo morto,
a cabeça perderão.
E aí eu não...

JESUS

Que dia

é hoje?

ANCHIETA

Vinte de
janeiro.

JESUS

Dia de
São Sebastião.
Está resolvida
a questão.

MEM DE SÁ

Desculpem
minha burrice,
mas não estou
vendo a relação
entre a calça
e o colhão.
Afinal,
o que é que
isso tudo tem
a ver com
São Sebastião?

JESUS

Eu o nomeio padroeiro
da cidade do Rio de Janeiro.

E como ele foi
belo e ilustre guerreiro,
faço-o da batalha
seu mais nobre companheiro.
Sua imagem às tropas apareceu
e a vitória ele nos deu.
Foi sob a inspiração
de São Sebastião
que se deu dos
franceses a expulsão.

(Mem de Sá aponta para o corpo de Bolés)

MEM DE SÁ

Mas e esse
belo defunto?
O que vamos
fazer com esse
presunto?

JESUS
(sorri, beatífico)

Bolés?
Ora, é como se
nunca tivesse
existido.
Como se não fosse
por ventre de mulher

parido.
Tudo o que foi dele
será da memória
dos homens varrido.

*(Jesus faz um gesto, o Carrasco sai de cena,
levando a forca com o corpo de Bolés)*

MEM DE SÁ
(contente)

Ai,
que é de estuporar!
Não há nada melhor
que com uma pessoa
inteligente conversar!

ANCHIETA

Agora só falta
o ambiente alegrar.

JESUS

Disso também
posso cuidar.
A todos convido
para um hino
cantar.

*(Com exceção de Bolés, todo o resto do elenco
entra em cena)*

JESUS
(sestroso)

Todo mundo pronto?
Então, samba no pé
e no gogó,
que amargo na vida
já chega comer jiló.

*(Todos, à frente Jesus, se esbaldam, cantando
e dançando a música Cidade Maravilhosa em
ritmo de samba)*

— CAI O PANO —

-2-
OS MILAGREIROS

(Em cena, Agenor e Zeca. Não há cenário)

ZECA

Não tem outro jeito, cara. A solução é essa.

AGENOR

Não me enche mais o saco. Para com esse papo.

ZECA
(examinando-o)

Tu é perfeito. Tens o físico ideal, um perfil bacana, os ombros largos, é alto.

AGENOR
(irônico)

Não tenho mau hálito, nem cárie, nem sofro das hemorroidas...

ZECA
(com um risinho safado)

Bom, não existe nenhum registro histórico de que ele sofresse, né, Agenor?

AGENOR
É... mas tem só mais uma coisinha.

ZECA
Que coisinha?

AGENOR
Olha bem pra mim.

ZECA
Tou olhando.

AGENOR
E então?

ZECA
Então o quê?

AGENOR
Não tá reparando nada?

ZECA

Não...

AGENOR

Porra, Zeca! Eu sou crioulo!

ZECA

Mulato. E muito boa pinta.

AGENOR

Mas ele era branco!

ZECA

Ah! Os registros históricos são confusos.

AGENOR

Confusos merda nenhuma. Ele é representado assim em todo lugar.

ZECA

Pura convenção. Pura convenção. Eu pesquisei, consultei bibliotecas, uma porrada de livros.

AGENOR
(irônico)

E o cabelo? Era liso ou sarará?

ZECA

Que importância tem o cabelo, cara? A gente te bota uma peruca e fica tudo resolvido.

AGENOR
(sorri, sempre irônico)

Posso também usar lente de contato colorida e depois você manda pintar meu cabelo de louro. Até que ia ser legal.

ZECA
(suspira fundo)

Agenor, já lhe mostrei as estatísticas. É uma clientela de milhões de pessoas. E tá tudo aí, no papo. É só montar o negócio e colher os dividendos.

AGENOR

É, mas eu é que vou bancar o palhaço.

ZECA

Que palhaço, cara? Que palhaço? Você não precisa fazer nada. Deixa tudo por minha conta.

AGENOR

Já deixou uma vez. E entrei pelo maior cano.

ZECA

E fui eu o culpado? Fui? A gente não tinha infraestrutura. Foi isso.

AGENOR

E nem vamos ter agora. Vamos tratar de pagar o que ainda estamos devendo e pronto.

ZECA

Pagar como? Voltando a ter um empreguinho?

AGENOR

E por que não? Eu volto pra computação, você volta pro banco.

ZECA

Marcar cartão de ponto de novo? Ganhar um salário de merda? Ser mais um fodido no meio de um montão de fodidos?

AGENOR

E tem outro jeito?

ZECA
(exaltado)

Acontece, cara, que eu quero ser alguém,

quero vencer na vida. Será que é tão difícil assim entender?

AGENOR

E acontece, cara, que eu só quero que você me deixe em paz. Será que isso também é tão difícil assim de entender?

(Faz menção de sair. Zeca o impede)

ZECA

Pelo amor de Deus! Eu já arrumei o local, o pessoal que vai trabalhar pra gente. Tá tudo acertado. Vamos nessa, cara, não me deixa na mão.

AGENOR

Não!

ZECA

Olha, é a última coisa que eu te peço!

AGENOR
(começando a fraquejar)

Não...

ZECA

A gente só tenta uma vez.

AGENOR

Não...

ZECA

Se não der certo, paciência.

AGENOR

Não...

ZECA

Só mais uma vezinha, cara.

AGENOR
(entregando os pontos)

Eu... eu... eu primeiro preciso conversar com a Zilda.

ZECA
(espanto)

Ué! Qué que ela tem a ver com isso?

(A luz se apaga sobre eles. Um tempo. A luz se acende sobre Zilda)

ZILDA
(derretida)

Aí, neguinho! Então tu vai ser o nosso diabinho crioulo?

(Luz sobre Agenor. Ele, muito jururu, sem jeito, está vestido de diabo. É uma roupa feia, vermelha, com uma capa e chifrinhos)

AGENOR
(resignado)

Pois é. Na Igreja do Belzebu Universal, que o Zeca resolveu fundar! Não é coisa de doido?! Imagina!

ZILDA
(examinando-o, embevecida)

Que bacana!

AGENOR
(espanto)

Hein?

ZILDA

Tu vai ficar lindão!

AGENOR

Cumé que é?

ZILDA

Mas não com essa coisa que tu tá usando. Vou fazer pra tu um modelito super legal, todo branco. Nada desse vermelho baba-ovo.

(Tom)

Peraí...peraí... branco, não. Azul. É muito mais legal, mais sexy. E sem capa nem rabinho. Aliás, cá pra nós, esse rabinho é de lascar!

AGENOR

Te manca, Zilda. Para com isso. Deixa de besteira.

ZILDA
(sem ouvir)

Esses chifrinhos também não tão com nada. A gente vai ter que se virar e arranjar outros.

AGENOR

Pelo amor de Deus, Zilda!

ZILDA
(sem ouvir, sempre o examinando)

Cheiro de enxofre, então, nem pensar!

(Tom)

Mas tou grilada mesmo com os chifri-nhos... Acho que pode ser um só. E bem no meio da testa. É isso aí. Vai ser um estouro!

AGENOR
(quase num grito)

Para com isso, Zilda!

(Luz geral. Zeca entra)

ZILDA
O lugar que tu arranjou é bacaninha?

ZECA
Bota bacaninha nisso!

ZILDA
Onde é que fica?

ZECA
No centro de Campo Grande. É um an-

tigo cinema. Quase dois mil lugares. Legal pra cacete.

ZILDA

E o som? Dá pra tirar um som joinha?

ZECA

Bota joinha nisso. Até já mandei instalar uma porrada de microfones modernos, amplificadores, e tou pensando num telão pros efeitos especiais.

ZILDA

Essa eu não manjei. Efeitos especiais pra quê?

ZECA

Te liga! A gente vai lidar com a Bíblia, não vai?

ZILDA

Vai, mas e daí?

ZECA

Daí que a Bíblia tá cheia de coisa que pede efeito especial... a passagem do Mar Vermelho... a criação do mundo... a arca de Noé... enfim, essas transas.

ZILDA

É... naquele tempo era fogo mesmo.

ZECA

E tem mais uma coisa: a gente vai precisar de muito efeito especial pros milagres também. Sem efeito especial, não tem milagre que funcione. Fica tudo fajuto.

ZILDA

Manjei. O Velho Testamento, por exemplo, tá cheio de milagre.

ZECA

Ô, Zilda! Quem é que tá falando em Velho Testamento?

ZILDA

Ué, o papo não é sobre milagre?

ZECA

Mas milagre que o Agenor vai fazer!

(Zilda se volta para Agenor, derretida)

ZILDA

Ai, meu diabinho milagreiro! Que coisinha mais linda!

ZECA

Vai ser o diabo no inferno e o Agenor na terra. Não tem mamãe não quero.

(Zilda vai até Agenor, que se imobilizou como uma estátua desde a entrada de Zeca, e começa a trocar sua roupa, mudando a vermelha por uma azul)

ZECA

Pra vencer essa parada, a gente vai ter que conseguir enganar muito bem. Por isso eu já contratei uma turma da pesada.

ZILDA

Que turma?

ZECA

Um monte de macumbeiro. Esses caras se amarram muito em Satanás.

(A essa altura, Zilda já terminou de vestir Agenor e olha para ele, extasiada)

ZECA
(esfregando as mãos, satisfeito)

E depois dos milagres vem a parte melhor.

ZILDA

E ainda tem coisa melhor?

ZECA

Claro, né, Zilda.

(Faz com os dedos o sinal de grana)

ZILDA

É, mas cumé que eu fico nessa história toda, além de fazer os figurinos?

ZECA

Bom, eu vou ser o tesoureiro. Não quero nenhuma dúvida sobre isso. Agora, você... sei lá...

(Pausa)

Olhaí, acho que você pode muito bem puxar o coro.

ZILDA
(bate palminha, muito fresca)

Legal!

(A partir desse momento, enquanto os dois

conversam, uma luz, em resistência, começa a
se acender no outro lado do palco. Iluminará
o palco da Igreja do Belzebu Universal. Nele
se divisam os contornos de uma imagem de
Satanás, nos fundos. Ao mesmo tempo, ouve-
se, em surdina, uma música cantada pelo Coro,
formado por dois atores e uma atriz. O Coro
também está no palco. A impressão que se deve
criar é a de que eles cantam para uma enorme
plateia, que ela participa do canto)

CORO
(cantando)

Belzebu é ódio,
é horror, é perdição.
Temos Belzebu
em nosso coração.
Belzebu,
traga a discórdia
para nosso irmão.
Belzebu adorado,
aponte para nós
o caminho da tentação.
Estou contente,
alegre estou.
Belzebu,
conheço a perdição.
Estou contente,
contente estou,

pois cordeiro de Belzebu
eu sou.

*(A música e o canto continuam, em surdina,
enquanto Zeca e Zilda conversam. Zilda coloca
sobre a cabeça de Agenor o novo chifrinho)*

ZILDA
(para Zeca)

Pronto. Ficou lindão, não ficou?

ZECA
(coçando a cabeça, examinando Agenor)

Sei lá...

ZILDA

Qualé a dúvida?

ZECA
(sempre examinando Agenor)

Bom...

ZILDA

Não tá lhe agradando o visual?

ZECA

Tá, mas...

ZILDA
(corta)

Mas o quê, ô cara? Ele vai arrasar. Vai ter seguidor por aí caindo de quatro.

ZECA

Eu sei, eu sei...Acho só que ele tá meio quadrado. Talvez fosse melhor...

ZILDA
(corta, veemente)

Não me fala naquele rabinho! Não, não e não!

ZECA

E esse chifrinho...

ZILDA

Mas, afinal, qué que tu queria? Terno e gravata, tipo executivo?

ZECA

Não, mas alguma coisa mais moderna, mais leve. Esporte fino, por exemplo.

ZILDA
(batendo o pezinho)

Não, não e não. Não me meto em tuas finanças, tu não te mete em meus figurinos!

(Zeca dá uma última olhada em Agenor. Depois, resignado, começa a recuar em direção ao palco da igreja, lentamente. Zilda o acompanha. Chegam, colocam-se ao lado do Coro. Começam a cantar, a bater palmas e a dançar ao som da música)

AGENOR
(virando-se na direção deles e antes que a música atinja o auge)

O que a necessidade obriga a gente a fazer! Que Deus me perdoe!

(Faz o Pelo Sinal, passa para o outro lado, coloca-se solenemente à frente da imagem de Belzebu. A luz de onde ele estava se apaga. A música e a luz do outro lado chegam ao máximo. Zeca e Zilda se esbaldam, cantando e dançando. Um tempo. Zeca faz um sinal, a música e o canto param. Zeca se dirige à suposta plateia de fiéis, que passa a ser representada pelo Coro)

ZECA

Viva Belzebu!

CORO

Viva!

ZECA

Morra Jesus!

CORO

Morra!

ZECA

Belzebu é nosso guia!

CORO

Nosso guia!

ZECA

Nossa luz!

CORO

Nossa luz

ZECA

Nosso Senhor!

CORO

Nosso Senhor!

ZECA

(sempre solene, aponta para Agenor)

Hoje, Belzebu tem muitos motivos de alegria.

CORO

Aleluia!

ZECA

Mas, para que ele fique mais contente, mais alegre ainda, é preciso que todos demonstrem júbilo por ele ter enviado seu filho para junto de nós. E a maneira de fazer isso é a mais fácil do mundo. Aleluia!

CORO

Aleluia!

ZECA

Belzebu vai ficar satisfeito se vocês derem a ele 5 reais. Amém?

FIÉIS

Amém!

ZECA

Belzebu vai ficar mais satisfeito se forem 10 reais. Amém?

FIÉIS

Amém!

ZECA

Belzebu vai ficar mais satisfeito ainda se forem 100 reais. Aleluia.

CORO

Aleluia!

ZECA

Vejam bem, irmãos! Estou pedindo em o nome de Belzebu! Estou pedindo! Ninguém é obrigado a dar. Amém?

CORO

Amém!

ZECA

Repitam comigo: ninguém é obrigado!

CORO

Ninguém é obrigado!

ZECA
Aleluia!

CORO
Aleluia!

ZECA
Só dá quem quer.

CORO
Quem quer!

ZECA
E todos nós queremos dar!

CORO
Todos nós queremos! Abençoado seja!

ZECA
Queremos dar em o nome de Belzebu!

CORO
Em o nome de Belzebu!

ZECA
Aleluia!

CORO

Aleluia!

ZECA

Ninguém aqui está sendo enganado. Temos Belzebu em nosso coração. Amém?

CORO

Amém!

ZECA

Mas vocês só vão dar depois que ele fizer um prodígio, depois que ele, através de seu filho, nos der uma prova de seu poder. Amém?

CORO

Amém!

ZECA

Vocês querem uma prova?

CORO

Queremos!

ZECA

Aleluia!

(Faz-se silêncio absoluto. Mais solene que nunca, Zeca leva um dos atores do Coro para diante de Agenor. Pausa longa. De súbito, Zeca pega o ator pelos ombros, sacode-o com violência)

ZECA
(gritando)

Sai, Jesus! Sai! Abandona esse corpo! Em o nome de Satanás! Sai!

(A luz pisca, ouvem-se ruídos estranhos e ensurdecedores. O ator dá estremeções)

ZECA
(gritando mais ainda)

Anda! Sai, Jesus! Vade retro! Em nome de Belzebu! Em o nome de Satanás!

(A luz pisca loucamente. O som se torna ensurdecedor. O ator dá estremeções horripilantes. De repente, imobiliza-se. Lenta, majestosamente, Agenor estende uma das mãos, toca-lhe a cabeça. O ator dá novos estremeções. Imobiliza-se novamente. Agenor dá-lhe um par de muletas. O ator, já como aleijado, começa a saltitar, apoiado nelas)

ZECA

Aleluia! Milagre! Ele ficou aleijado! Essa alma se perdeu! Viva Satanás!

CORO

Viva! Louvado seja!

ZECA

Viva Belzebu!

CORO

Viva! Aleluia!

(O ritmo agora é frenético, contagiante. Zeca puxa o segundo ator do Coro para diante de Agenor)

ZECA

Sai, espírito do bem! Sai, espírito da pureza! Eu te esconjuro! Deixa esse corpo! Sai! Em o nome de Satanás!

(Agenor estende as mãos sobre ele, toca-lhe a cabeça. O ator dá vários estremeções. Depois, imobiliza-se. Um tempo. De repente, dá uma espécie de gemido, cai no chão, começa a se arrastar, como um entrevado)

ZECA

Aleluia! Ele ficou entrevado! Satanás venceu!

CORO

Aleluia! Louvado seja! Milagre!

(Zeca pega pela mão a atriz do Coro, Marisol, e a leva até Agenor)

ZECA

Sai, espírito da luz! Faça-se a treva! Deixa esse corpo! Vá para as profundezas! Faça-se a treva!

(Agenor estende a mão, toca a cabeça de Marisol)

MARISOL
(num grito)

Tou cega! Tou cega! Milagre! Milagre!

ZECA

Milagre! Viva Satanás! Viva Belzebu!

CORO

Aleluia! Viva Belzebu!

(Marisol cai de joelhos aos pés de Agenor, que permanece imóvel. Em tom feérico, o Coro canta e dança)

CORO

Louvor,
louvor a Belzebu,
Nosso Senhor!
A saúde, o repouso
aqui não encontra pouso.
Obrigado, obrigado,
Belzebu idolatrado.
É dele a nossa dor,
nosso ódio, nossa agonia.
É dele a nossa vida,
toda noite, todo dia.
É dele nossa treva,
É dele nosso amargor.
Hosana a Belzebu,
Hosana a tanto horror.
Obrigado, Belzebu,
Belzebu idolatrado.

(Faz-se silêncio absoluto. Marisol continua caída aos pés de Agenor. Acende-se a luz do outro lado do palco. Zeca entra sob ela, trazendo uma sacola abarrotada de dinheiro)

ZECA

Eu não disse?! É uma mina de ouro, Zilda! Uma mina!

*(Zilda entra sob o foco de luz. Zeca manuseia
o dinheiro. Zilda, sorridente, se ocupa com ele
por um instante. Depois, volta-se para Agenor
e Marisol, que continua ajoelhada aos pés dele.
Zilda para de sorrir, estranhando)*

ZILDA

Olha só praquilo! Olha!

ZECA
*(sem dar atenção a ela, sempre preocupa-
do com o dinheiro)*

Quanto é que tem aqui? É grana paca.
Que moleza! Que moleza!

ZILDA
*(sempre olhando para Agenor e Marisol,
cutucando Zeca)*

Escuta...

ZECA
(sem ouvir)

Me ajuda a contar a grana. Vamos sepa-
rar a parte do Agenor.

ZILDA

Merda! É do Agenor mesmo que eu tou falando!

ZECA

E tem alguma coisa pra falar? O que interessa tá aqui, ó!

(Marisol beija os pés de Agenor)

ZILDA

Olha lá! Olha lá!

ZECA

Porra, Zilda! Olha o quê? Para com isso!

ZILDA

Tem um treco muito esquisito ali! Olha só!

(Zeca, finalmente, e com enorme má vontade, olha na direção dos dois)

ZECA

Pronto. Tou olhando.

ZILDA

E não tá vendo nada?

ZECA

Vendo o quê, pomba?!

ZILDA

Repara bem.

ZECA
(dando de ombros)

Não tem nada pra reparar.

ZILDA

Tem, sim. Tem coisa diferente ali. Tou sentindo. Tem um treco me dizendo.

ZECA

Intuição feminina?! Porra, Zilda! Agora é hora de ter intuição financeira, isso sim!

(Faz menção de voltar a contar o dinheiro, ela não deixa)

ZILDA

Espera... espera...

MARISOL

Eu não acredito.

AGENOR

Eu também não.

MARISOL

Ser cega é tão bacana.

AGENOR

Escuta... você... você enxergava mesmo?

MARISOL

E você faz mesmo milagre?

AGENOR

Bom...

MARISOL

Pois então?

ZILDA

Tá ouvindo? Parece que...

ZECA
(interrompe-a, super interessado)

Espera... espera.

AGENOR

É que eu... bom... preciso explicar que...

MARISOL
(interrompe-o, ergue-se, tateia-lhe o corpo, o rosto)

Não diz nada. Agora eu só quero sentir você.

ZILDA

Porra, quem é aquela dona, afinal?

AGENOR

E o que é que você sente?

ZECA

Sei lá.

MARISOL

Tanta coisa.

AGENOR

Você enxergava desde quando?

ZILDA

Ela não é uma de tuas arrumações? Ou

será que ela tá embromando, tá fingindo pra gozar o Agenor, pra acabar com a gente?

MARISOL

Desde que eu nasci.

ZECA

Ela não é da turma que eu arranjei, não... ela... ela também que não tá embromando, não..

AGENOR

Você tem consciência do que aconteceu?

ZILDA
(num espanto)

Não?!

MARISOL

Não....

ZECA

Você não tá percebendo o que aconteceu?

AGENOR

Eu também não tenho.

ZILDA
Não...

ZECA
Acho que foi uma coisa... sei lá... chego a sentir medo...

MARISOL
Acho que foi uma coisa... sei lá... chego a sentir medo...

AGENOR
Eu também.

(Tom)

Mas e agora?

ZILDA
E agora?

AGENOR
(faz um gesto desnorteado)

Não sei... sinceramente... não sei.

ZECA
(no auge do entusiasmo)

E agora, Zilda?! E você ainda pergunta?!

(Zeca é cercado pelo Coro. Todos cantam e dançam, com exceção de Agenor e Marisol)

TODOS
(cantando e dançando)

Agenor é milagreiro,
milagreiro, sim senhor
Tem o poder que vem das trevas
a força que vem da dor!
Vai trazer pra esse mundo
só desgraça e horror.
Já que nenhum santo
deu jeito nessa terra,
Agenor dará,
Agenor dará!
Agenor é milagreiro,
milagreiro, sim, senhor.

(Blackout. Um tempo. Luz sobre Agenor, reclinado no palco da igreja, aos pés da imagem de Belzebu, o ar enfastiado. Zeca entra, trazendo várias túnicas e alguns chifrinhos. Ouve-se ao fundo o rumor de vozes)

ZECA

Hoje tem gente aí fora saindo pelo ladrão.

AGENOR
(indiferente)

É?

ZECA

Olha, trouxe modelitos novos. Azul mar morto, uma beleza.

AGENOR
(mesmo tom)

É?

ZECA

E os chifrinhos. Tudo importado. Beleza pura.

AGENOR

É?

ZECA

Bom, vamos lá. Tá quase na hora. Não podemos deixar a galera esperando.

AGENOR

É?

ZECA
(Pausa/ Tom)

Escuta... tava pensando em arranjar uma transa com jornal, televisão... enfim, cobertura completa pra teus prodígios. Ia ser uma boa.

AGENOR

É?

ZECA
(olha para ele, estranhando)

Tá sentindo alguma coisa? Só fica aí "ééé." Vê lá, hein?

(Tom)

Bom, já que tá tudo legal ,agora a gente vai ter que...

AGENOR
(ergue-se, grita)

Para com isso, cara! Para com isso!

ZECA
(surpreso)

Ué, qué que houve?

AGENOR

Eu já tou cheio, viu? Cheio!

ZECA
(sem entender)

Mas cheio do quê?

AGENOR

De tudo!

ZECA
(corre os olhos em torno, dá um meio sorriso)

Ah, manjei! Esta sede, por exemplo, tá mesmo bem mixuruca. Mas não tem nada, não. A gente manda fazer uma reforma. Ar refrigerado central ia ser uma boa. Só que a gente tem que ir com muita calma. Sabe cumé que é, né? Nesse negócio de fé, não é legal ficar demonstrando ostentação...

AGENOR
(grita de novo)

Não é nada disso, cara!

ZECA
(sorri, safado)

Tu tá se sentindo muito preso aqui, né,

malandro? Claro, tem a Zilda, mas também tem as outras querendo entrar na parada, que diabo. Afinal, tu agora é o filho dileto de Satanás e as mina tão tudo aí, dando a maior sopa. Aliás, vou te contar... de túnica, chifrinho, com essa pinta toda e ainda fazendo milagre... é demais, meu chapa! É demais!

AGENOR

Fecha essa matraca! Você não tá manjando nada!

ZECA

É... não tou mesmo. Não tou manjando bulhufas.

(Tom)

Bom... agora vamos, que é sacanagem deixar os fiéis esperando.

(Estende-lhe as túnicas, os chifrinhos, que Agenor pega e joga longe)

ZECA

Ei! Ficou maluco, cara?

AGENOR

É disso que eu tou cheio, tá sacando? Disso!

ZECA
(recolhendo as túnicas, os chifrinhos)

Tá legal, meu chapa, tá legal. Olhaí, vou te dizer: sempre achei essas túnicas meio fajutas mesmo. E esses chifrinhos. Até falei pra Zilda que esporte fino ia ficar muito melhor. Lembra como tu saía na Comissão de Frente da Mocidade Independente? Aquela camisa de seda... aquela calça de linho... Mas pode ficar descansado que a gente manda fazer uma beca igualzinha. Só que hoje não dá mais. Hoje, tu vai ter que continuar amargando essa mesmo.

AGENOR

Não é roupa, não é modelito, não são os chifrinhos! Não é nada disso, Zeca!

ZECA
(perdendo a calma)

Porra! Então o que é? Tu já me encheu o saco! Que papo furado é esse, afinal?

AGENOR

Não é nenhum papo furado. É que eu tou desistindo de tudo.

ZECA

Tudo o quê?

AGENOR

Não quero mais saber dessa história de fiéis... não quero mais saber dessa história de ser o filho dileto de Satanás... não quero mais saber dessa história de prodígios... não quero mais saber dessa história de milagres...

ZECA
(caindo das nuvens)

Não?!

AGENOR

Não tou mais aguentando, Zeca.

ZECA

Não?!

AGENOR

Pra mim não dá mais.

ZECA

Näo?!

AGENOR

Isso não faz nenhum sentido.

ZECA
Não?!

AGENOR
Não dá pra perceber?

ZECA
Não!

AGENOR
Você ao menos imagina como tou me sentindo?

ZECA
Não!

AGENOR
Sabe o que tudo isso me custa?

ZECA
Não.

AGENOR
(encara-o, estranhando)

Mas qué que tá havendo contigo? Tá passando mal? Só fica aí "não, não, não".

ZECA

Qué que tá havendo comigo?!

AGENOR

Tá de olho arregalado. Parece até que tá vendo um fantasma.

ZECA

Não, não... tou vendo mesmo é um bom filho da puta.

AGENOR

Será que você não compreende a minha situação?

ZECA

E você compreende a minha?

AGENOR

Compreendo, Zeca. Mais do que você imagina.

ZECA

Só que tu quer me deixar na rua da amargura.

AGENOR

Não é assim tão simples.

ZECA

Cumé que não é? Hein?

AGENOR

Não e pronto.

ZECA

E isso lá é resposta? A gente tá numa boa e de repente você resolve me virar as costas? Tem explicação? Tem?

AGENOR

Eu mesmo nem sei direito, Zeca. Procura entender.

ZECA
(irônico)

Tou fazendo uma força desgraçada pra isso!

AGENOR
(suspira fundo, faz menção de sair)

Olha, é melhor a gente conversar depois.

ZECA

Uma ova, meu chapa! Uma ova! Vamos colocar tudo em pratos limpos. E tem que ser agora.

(Pausa)

É problema de grana?

(Agenor faz que não com a cabeça)

ZECA

Olha, a gente diminui a minha comissão. Fico só com quarenta por cento.

(Agenor faz um gesto desarvorado)

ZECA

Trinta! Trinta por cento!

(Agenor repete o gesto)

ZECA

Vinte, pronto. Só que disso eu não passo. Não dá, né, Agenor? Afinal, tu é meu amigo ou o quê? Tás querendo me matar de fome?

AGENOR
(sorri, triste)

Não é dinheiro, Zeca. Não é o dinheiro que me incomoda.

ZECA

Não?! O que é, então?

AGENOR

Eu já disse.

ZECA

Pois repete, que eu não ouvi direito.

AGENOR

Acima de tudo, os milagres.

ZECA

Ah, essa não! Então tu faz milagre, é o filho dileto de Satanás e ainda tem a cara de pau de dizer que isso te incomoda?!

AGENOR

Mais do que você pensa.

ZECA

Agenor, peraí! Sei que um cara simples,

um cara normal de repente começar a fazer milagre é dose. Balança qualquer um, é um baita choque. Mas daí a transformar esse mesmo cara numa besta quadrada, vai uma grande diferença. Vamos com calma, né, Agenor?

AGENOR

Eu só queria que você soubesse...

ZECA
(corta)

Além do mais, tu hoje é um grande homem, um herói. Os milagres te transformaram nisso. E os caras como você são donos do próprio nariz, tão cagando pras leis, não precisam dar satisfação de porra nenhuma pra ninguém. Campo Grande, o Rio de Janeiro, o Brasil devem é se orgulhar de ter um filho como você. O povo brasileiro deve se considerar feliz paca por ser o instrumento do que tu vai fazer com ele.

(Pausa brevíssima)

Deu pra sacar?

AGENOR
(angelical, num fio de voz)

Eu só queria viver em Bangu com a Marisol...

| 159 |

ZECA
(caindo das nuvens)

Cumé que é?!

AGENOR
(mais forte)

Eu só queria viver em Bangu com a Marisol.

ZECA
(irônico, imitando-o)

...viver em Bangu com a Marisol?!

AGENOR

Eu não quero poder nenhum, Zeca. Só quero ser um homem igual aos outros.

ZECA

Pra comer angu com a Marisol em Bangu?!

AGENOR

E por que não?

ZECA

Porque... porque...

(Num berro, apoplético)

Eu não acredito! Não acredito!

(Tom)

Escuta, Agenor... Agenorzinho do coração... sou um cara chegado a uma neura... não me dá esse sacode... tu não tem esse direito, cara!

AGENOR

Eu não queria te fazer nenhum mal. Juro.

ZECA
(agarra-o pelo pescoço, tentando esganá-lo)

Mas tá fazendo, seu puto! Tá fazendo!

(Solta-o, recompõe-se)

Me desculpa... me desculpa... Afinal, não tenho o direito de sacolejar assim o filho dileto de Satanás. Só que eu preciso saber como é que a gente fica.

AGENOR

Não ficamos, cara. Você não me entende e eu... bom... olhaí, não tou te culpando de nada, mas a coisa desandou. Não dá mais pra continuar.

(Agenor sai. Zeca se deixa ficar aos pés da imagem, patético. Um tempo. Zilda entra)

ZILDA

Cadê o Agenor?

ZECA

Foi lá pra dentro.

ZILDA

Ué, por quê? O culto já tá atrasado. Vou chamar ele.

(Faz menção de sair, Zeca a impede)

ZECA

Não vai ter mais culto, não vai ter mais igreja, não vai ter mais nada.

ZILDA

Não?!

ZECA

E sabe por quê?

ZILDA

Não.

ZECA

Porque a Marisol vai tirar o Agenor da gente.

ZILDA
(boboca)

Nossa! Vai?!

ZECA

Agora, nesse exato momento, ela tá se preparando pra ir morar com ele em Bangu.

(Do outro lado do palco, acende-se uma luz sobre Marisol, fazendo, tateante, a mímica de arrumar a mala para partir)

ZILDA

Verdade?

ZECA

E eu lá tenho necessidade de mentir?

(Virando-se para onde está Marisol)

Você mesma não tá vendo?

ZILDA

Mas que filha da puta! Cadela! Desgraçada!

ZECA
(sorri, amargo)

Desgraçada?! Ela?! Desgraçados somos nós, Zilda! O povo, você, eu! O povo, porque vai perder seu Satanás milagreiro. Você e eu porque vamos perder nossa boca rica!

ZILDA

Também vou perder meu homem! Não pode!

ZECA

É o que eu acho.

ZILDA

A gente tem que fazer alguma coisa.

ZECA

Também acho. Mas o quê?

ZILDA

Sei lá. Só sei que ela merece um corretivo. Ah, se merece!

(A luz se acende sobre os dois fanáticos. Zeca vai até eles)

ZECA

Acho que esses dois irmãos podem dar uma mãozinha.

(Zeca recua, sai do foco de luz, como se saísse de cena. Os dois fanáticos passam para o foco de luz de Zilda. O foco que estava sobre eles se apaga. Zilda e os Fanáticos cantam)

ZILDA (cantando)

Todo mundo pensava
que aqui só
reinava o mal,
soturno, negro,
apavorante.
O que a gente não sabia
é que o bem por aqui
também andava,
cheiroso, aconchegante.

(Os fanáticos fazem o coro)

FANÁTICOS
(cantando)

Cheiroso, aconchegante.

ZILDA

Foi assim que a gente
se deixou iludir.
O bem está aqui entre nós.
E cheio de hipocrisia
ele nunca parou de agir.

FANÁTICOS

Nunca parou de agir.

(Zilda aponta para Marisol)

ZILDA

O bem é ela!
O bem é essa cadela!

FANÁTICOS

Essa cadela!

ZILDA

Marisol, Marisol

é alegria, é pureza.
É de Deus a
própria natureza.

FANÁTICOS

De Deus a própria natureza.

ZILDA

Pronta ela está,
pronta para partir.
E para fazer com ela
o nosso diabo ir.

FANÁTICOS

O nosso diabo ir.

ZILDA

Contra o povo,
contra a fé,
é uma afronta, é.

FANÁTICOS

É uma afronta, é.

ZILDA

Jesus não pode encobrir o nosso porvir.

FANÁTICOS

O nosso porvir.

ZILDA

Sai, Jesus. Deixa o nosso diabo existir.

FANÁTICOS

O nosso diabo existir.

(Os fanáticos começam a avançar em direção à Marisol)

ZILDA

Nosso diabo
tem que ser livre,
dar a nós a sua mão.
Ninguém pode nisso
ter qualquer intervenção.

(Os fanáticos cercam Marisol).

FANÁTICOS

Jesus não pode.
Jesus com a gente
não bole.
Jesus entre nós

não tem realce,
não tem relevo.
Jesus entre nós
é simples arremedo.
De Jesus aqui
ninguém tem medo.

*(Os fanáticos começam a espancar Marisol
violentamente. Um deles saca da cinta um
punhal, crava-o no peito de Marisol. Ela morre)*

FANÁTICOS
(cantando)

Jesus daqui
para sempre espantamos
A face de Jesus matamos.
E assim
o nosso Diabo libertamos.
Satanás,
volta pra seu povo.
Satanás,
queremos seu poder de novo.
Satanás,
volta pro nosso meio.
Satanás,
queremos o maná do teu seio.
Satanás,
sua treva pra nós é luz,
é bálsamo que nossa alma seduz.

Satanás,
volta pra seu povo.
Satanás,
queremos seu poder de novo.

(Agenor entra, corre até a imagem de Satanás, ajoelha-se, os braços estendidos em cruz)

AGENOR

Pai, pai! Por que me desamparaste? Por que deixaste Marisol morrer? Concede-me mais uma graça, a derradeira! Faça Marisol ressuscitar! Pai, se queres, passa de mim este cálice, todavia, não se faça a minha vontade, mas a tua. Pai, onde estás que não me ouves? Pai, não me desampares!

(As luzes piscam, ouve-se um som apavorante. Blackout. O som chega ao máximo. De súbito, silêncio. Pausa)

MARISOL

Ai, ressuscitei!

(Volta a luz)

MARISOL

E tou enxergando de novo!

(Os dois fanáticos a examinam, depois cantam)

FANÁTICOS
(cantando)

Satanás
fez voltar à vida
aquela que morreu.
De novo ela vai olhar
o sol que hoje nasceu.

*(Aos poucos, ameaçadores, vão se afastando de
Marisol, cercam Zilda)*

FANÁTICOS

O mal ela não era,
ela não era o mal.
Aqui existe
alguém mais
que nos passou
para trás.

*(Mais ameaçadores ainda, a ponto de cair sobre
Zilda)*

O mal é você,
não é ela, não.
O mal é você,
que não vai mais

pisar este chão.

(Agarram Zilda, espancam-na. Ela cai. Um dos fanáticos saca o punhal da cinta, crava-o no peito de Zilda. Ela morre. Marisol dá um grito de horror, agarra-se a Agenor, os dois saem do foco de luz, como se fugissem. Blackout. Um tempo. A luz volta a se acender. Em cena, os dois fanáticos, Zilda e Zeca. Os fanáticos se voltam para Zeca)

FANÁTICOS
(cantando)

Só que aqui
tem mais alguém
que pra nós
também mentiu.
E esse alguém a gente
também vai mandar
pra puta que o pariu.

(Zeca se desvencilha deles, corre até a imagem de Satanás, ajoelha-se, os braços em cruz)

ZECA

Satanás, não me desampara! Me aceita como teu filho! Pai, sou teu novo filho revelado!

(Aponta para os fanáticos)

Me livra desses desgraçados! Pai, se queres, passa de mim este cálice. Todavia, não se faça a minha vontade, mas a tua! Pai, manda um sinal!

(Nada acontece. Os fanáticos o cercam. O que matou Zilda ergue o punhal)

ZECA
(desespero)

Pai, Belzebu, Satanás,
rei da dor, do frio inverno,
socorre teu filho,
me tira desse inferno!
Detém o braço
desse celerado.
Não é assim que eu quero
passar pro outro lado!

(Pausa. Ouve-se uma Ave Maria. Surgem duas pombinhas brancas, com ramos de oliveira nos bicos. Zeca se ergue, num salto)

ZECA
(cantando)

Já que o Diabo

não me aceitou,
Jesus me aceitará,
Jesus me aceitará.

FANÁTICOS

Queremos um milagre,
um milagre para ver.
Só um milagre
vai nos convencer.

(A música cessa, as pombinhas desaparecem.
Zeca se aproxima do cadáver de Zilda, estende as
mãos sobre ele. Pausa longa. A música retorna,
as pombinhas também)

ZILDA
(bem fresca)

Ai! Ressuscitei! Tou com uma sede!

FANÁTICOS
(cantando)

Zeca é milagreiro,
milagreiro, sim senhor.
Zeca vai livrar todo o povo
da agonia e da dor.
Temos entre nós de novo
o filho do Criador.
Temos entre nós de novo

o redentor.
Viva, viva,
de Deus o filho dileto.
Viva, viva,
dos homens o mais completo.
Zeca é milagreiro,
milagreiro, sim senhor.
Zeca vai livrar todo o povo
da agonia e da dor.

*(A Ave Maria atinge o auge. Zeca pega a imagem
de Satanás, chuta-a várias vezes, joga-a longe)*

ZECA

Sai da casa do Senhor! Satanás, aqui você
não tem mais vez! Sai! Sou eu que estou man-
dando!

*(Um dos fanáticos lhe traz uma imagem de Jesus.
Zeca pega-a, ergue-a)*

ZECA

Este é o nosso Deus! Ele é o único verda-
deiro! Viva! Aleluia!

FANÁTICOS

Aleluia! Viva o Senhor Jesus ressuscita-
do! Viva!

*(Ajoelham-se, respeitosos, enquanto a música
continua e as pombinhas descrevem curvas
graciosas sobre o palco. Blackout. Silêncio. Um
tempo. A luz se acende sobre Zeca, diante da
imagem do Cristo. Zilda se aproxima, veste
nele um camisolão branco alvíssimo, calça-lhe
sandálias de pescador, coloca-lhe na cabeça
uma coroa de espinhos. Pausa. No início quase
inaudível, ouve-se o seguinte canto, entoado pelos
fanáticos, fora do foco de luz)*

FANÁTICOS
(cantando)

Foi o sangue de Jesus
que nos salvou.
Foi seu divino sangue
que nos purificou.
Jesus morto sempre será
por todos nós adorado

(O canto aumenta)

Jesus morto sempre será
por todos nós venerado.
Pra nós, morto,
Jesus vale muito mais.

(O canto aumenta mais ainda)

Pra nós, morto,
Jesus vale mais que Satanás.

Morto, Jesus pra nós
é pura vida.
Morto, Jesus nós dá
luz e guarida.

*(Os fanáticos lentamente entram sob o foco de
luz. Carregam uma cruz de madeira. O canto
agora é fortíssimo)*

Morto, Jesus
é luz e calor.
Jesus, morto,
é alegria e amor.

*(Zeca tira o camisolão, as sandálias, joga longe a
coroa de espinhos)*

ZECA
(cantando)

Ser Jesus
não quero mais.
Jesus é o mesmo
que Satanás.

(Zeca chuta a imagem de Cristo, joga-a longe)

ZECA

Sai! Me deixa em paz! Jesus é o mesmo
que Satanás!

(Os fanáticos pregam-no na cruz)

FANÁTICOS
(cantando)

Morto, Jesus
é o sal da terra
é pura alegria.
Jesus morto
é o real e a fantasia.

(Erguem a cruz)

ZECA
(estertora, balbucia)

O espírito não estava pronto. E muito
menos a carne. E pra morrer assim também não
tenho coragem. Ai, pai, que puta sacanagem!

*(Zeca morre. O canto dos fanáticos agora é
fortíssimo)*

FANÁTICOS

O sangue de Jesus nos salvou.
Seu divino sangue
nos purificou.
Jesus morto será sempre

por nós adorado.
Jesus morto será sempre
por nós venerado.
Jesus morto vale muito mais,
muito mais que Satanás.
Jesus morto é pura vida,
Jesus morto dá luz e guarida.
Jesus morto é o sal da terra,
é pura alegria.
Jesus morto é o real e a fantasia.

— CAI O PANO —

www.ingramcontent.com/pod-product-compliance
Lightning Source LLC
LaVergne TN
LVHW051633080426
835511LV00016B/2336